Conrad K. Butler

IL MONDO DELLE AUTO PER BAMBINI

Alfa Romeo

Alfa Romeo è un prestigioso marchio italiano che produce auto sportive. L'azienda è stata fondata da Alexandre Darracq nel 1906 a Portello vicino a Milano, dove oggi si trova la sede dell'azienda. Nel corso della sua storia ha prodotto, tra l'altro, filobus e fuoristrada, ma sono stati i modelli sportivi a rendere molto famoso il marchio. I modelli contrassegnati con il simbolo QV (Quadrifoglio Verde - quadrifoglio verde) assicurano in particolare che il cuore batte più forte. L'Alfa Romeo è stato il primo marchio a utilizzare, tra gli altri, l'iniezione diretta di carburante common rail (1997), la fasatura variabile delle valvole (1980), un motore ad accensione comandata con due candele per cilindro (1914) e un cambio a 6 marce in un modello di serie (1967).

Aston Martin

Aston Martin è un produttore britannico di auto sportive e di lusso. L'azienda è stata fondata nel 1914 da Lionel Martin e Robert Bamford a Gaydon. Queste vetture sono caratterizzate da una linea elegante, ricche dotazioni e curate nei minimi dettagli. L'unicità è aggiunta dal fatto che tutte le auto del marchio britannico sono assemblate a mano. L'affidabilità della lavorazione è dimostrata dal fatto che ca. Il 75% delle auto vendute è ancora agibile. La maggior parte di noi conosce queste auto esclusive dai film sulle avventure dell'agente segreto britannico James Bond. Non senza ragione, perché vari modelli di Aston Martin "sono apparsi" in 10 parti!

1 AML
KO67 LXR

Audi

Audi inizia la sua storia all'inizio del XX secolo quando nel 1910 August Horch fondò la sua azienda dopo numerose complicazioni. I quattro anelli sono il simbolo della fusione di 4 marchi avvenuta nel 1932: Audi, Horch, Wanderer e DKW. Il noto motto del marchio "Advantage through Technology" è apparso per la prima volta nel 1971. Ad ogni passo, gli ingegneri tedeschi hanno cercato di convincerci della correttezza di questo detto. Nel marzo 1980 a Ginevra, Audi presentò la prima autovettura al mondo con 4 ruote motrici: il modello Quattro. Nel 1985, Audi è stata la seconda casa automobilistica al mondo, dopo Porsche, a produrre carrozzerie completamente zincate.

Bentley

Bentley è un produttore di auto sportive di lusso con sede nel Regno Unito con sede a Cheshire, Crewe. Il suo fondatore nel 1919 fu Walter Owen Bentley, che sognava di costruire un'auto da corsa che fosse imbattibile nella sua categoria. Ha presentato la sua prima auto, la Bentley 3 Litri, nel 1921, ma ci sono voluti 3 anni per vedere il suo successo quando ha vinto la gara di Le Mans. Nel 1931, il marchio fu acquistato da Rolls-Royce. I modelli del dopoguerra, a parte pochi casi, erano solo versioni sportive della Rolls-Royce fino agli anni '90.

BMW

BMW è oggi uno dei marchi automobilistici più popolari. Tuttavia, gli ingegneri tedeschi non hanno progettato automobili fin dall'inizio. Lo stabilimento fu fondato nel 1913 da Gustav Otto e Karl Rapp e fu inizialmente coinvolto nella produzione di aeroplani e motociclette. A quel tempo fu creato il logo dell'azienda BMW, che mostra un cerchio stilizzato dell'elica nei colori della Baviera. Fu solo nel 1929 che la BMW costruì la sua prima auto prodotta in serie: la BMW 3/15. L'azienda deve il suo massimo sviluppo a Eberhard von Kuenheim. Ha reso la BMW importante non solo in Europa ma in tutto il mondo. Grazie al rilascio di modelli come 3.0 CSL, M1 o M3 E30 da parte del reparto BMW Motorsport, il nostro polso è salito più di una volta.

M · NN 2002
M · SY 5173

Bugatti

Bugatti è un produttore francese di auto sportive e da corsa esclusive. Il fondatore del marchio nel 1909 fu Ettore Bugatti. Le sue auto hanno vinto quasi tutte le principali gare prima della seconda guerra mondiale. Purtroppo, quando scoppiò, Ettore fu costretto a interrompere la produzione e, a seguito della sua morte nel 1947, non vi fece più ritorno.

Per riattivare il marchio, nel 1987 l'italiano Romano Artioli ha fondato la società Bugatti Automobili SpA a Campogalliano. C'è un motivo per cui il modello più riconoscibile oggi è il Veyron. La versione Super Sport detiene il titolo di auto prodotta in serie più veloce.

Buick

Marchio americano che produce autovetture di lusso. È stata fondata nel 1903 dal designer e inventore David Dunbar Buick a Detroit, dove si trova ancora oggi la sede dell'azienda ed è una delle più antiche case automobilistiche americane ancora operative. Uno dei primi proprietari del marchio fu, tra gli altri, William C. Durant. il creatore dell'ormai grande preoccupazione della General Motors, a cui appartiene Buick. Nell'offerta di GM, si posiziona più in alto di Opel, ma più in basso rispetto all'ammiraglia Cadillac. I tre scudi presenti nel logo del brand rimandano allo stemma della nobile famiglia del fondatore dell'azienda.

Cadillac

Produttore americano di autovetture di lusso. L'azienda è stata fondata da Henry Leland nel 1902 a Detroit. Fin dall'inizio, il marchio ha attribuito grande importanza alla qualità della produzione, che è stata molto redditizia per loro, perché fino ad oggi è associata alla massima qualità e lusso. Le loro auto erano guidate da cantanti, attori e, soprattutto, presidenti degli Stati Uniti. I costruttori americani hanno mostrato la loro innovazione quasi ad ogni passo, installando i loro modelli per la prima volta, tra gli altri. illuminazione elettrica, avviamento elettrico, motore V8, aria condizionata e fari accesi dal cruscotto.

Chevrolet

Chevrolet è un marchio automobilistico americano appartenente alla preoccupazione di General Motors. È stata fondata dal pilota e meccanico svizzero Louis Chevrolet e William Durant. Esistono molte versioni del logo dell'azienda, ma la più probabile è quando Durant si ispirò a un disegno di carta da parati in un hotel francese dove soggiornò durante un viaggio nel 1908 e ne strappò un pezzo per mostrarlo agli amici, pensando che sarebbe essere un buon segno distintivo per un marchio automobilistico.

CHRYSLER

Chrysler

Uno dei marchi automobilistici più popolari negli Stati Uniti. È stata fondata nel 1925 da Walter Chrysler ad Auburn Hills. Chrysler ha avuto diversi successi nell'innovare il mercato automobilistico. Nel 1951 fu creato un prototipo del motore V8 Hemi e per molti anni Chrysler ebbe molto successo: nel 1987 acquisì l'American Motor Corporation e nel 1998 si fuse con Daimler-Benz. Oltre alle autovetture, l'azienda produceva SUV, auto sportive, pick-up e furgoni.

Citroen

Il marchio francese di autovetture, furgoni e camion è stato fondato dall'ingegnere Andre Citroën nel 1919. I modelli Citroën si sono sempre distinti per il loro aspetto originale e cosmico, gli interni insoliti e le interessanti soluzioni tecnologiche. Molti di loro hanno vinto il titolo di Auto dell'anno, incl. GS (1971), CX (1975) o XM (1990).

RECARO
NGK
NGK
bast
GYE 723
VM·080·VX

Dacia

Dacia è un produttore rumeno di autovetture e furgoni. L'azienda nasce nel 1966 (anche se le sue origini risalgono al 1943) a Pitesti, e il suo nome deriva da "Dacia", il nome della terra abitata dagli antenati dei rumeni. Nel 1999 è stata rinnovata la collaborazione con Renault, che ha acquistato la maggioranza delle azioni del marchio rumeno. L'anno della svolta per l'azienda è stato il 2004, quando hanno lanciato il modello Logan. Ha battuto tutti i record in termini di volume di produzione Dacia. Da allora, il marchio rumeno ha vissuto una rinascita e i suoi numerosi modelli trovano molti clienti in tutto il mondo.

ST·016·EL
WE 971LM

Dodge

Marchio americano che produce autovetture. Il suo inizio risale al 1897, quando i fratelli John e Horace Dodge fondarono la loro azienda - Dodge Brothers Bicycle & Machine Factory, dove venivano prodotte biciclette e parti di macchine. Un evento molto importante per il marchio fu il lancio delle vetture con motore V8 HEMI negli anni '50. Grazie a lui, il marchio ha ottenuto numerosi successi nelle gare della classe NASCAR. Nel 1966 viene presentata la Charger, oggi considerata una delle icone del marchio. Inizia così l'era delle cosiddette "Muscle car".

Ferrari

Ferrari è un produttore italiano di auto sportive di lusso. La sede si trova nella città di Maranello. L'azienda è stata fondata nel 1946 dal leggendario Enzo Ferrari di Modena, che era un pilota da corsa. Nel logo Ferrari c'è un destriero nero, che rimanda allo stemma dell'aereo di Francesco Baracca, pilota della prima guerra mondiale. Il produttore ha avuto molto successo nel motorsport, inclusa la serie più prestigiosa: la Formula 1. Le auto Ferrari fanno tendenza nel segmento delle supersportive. Competono sul mercato con marchi come Lamborghini, Porsche, Aston Martin e Maserati.

Fiat

FIAT è un produttore italiano di autovetture
e furgoni (e una volta anche camion, macchine
agricole e aeroplani). L'azienda è stata fondata nel
1899 da Giovanni Aneglli a Torino. Un anno dopo,
fu rilasciato il loro primo modello, 3 1/2 HP. Il
marchio si sviluppò rapidamente e nel 1939 contava
già 5 stabilimenti. Il marchio è popolare in Europa,
soprattutto in Italia.

WPI 41
SB 688AK

Ford

Ford è un'azienda americana che produce autovetture, furgoni e camion. È stata fondata da una delle persone più importanti nella storia della motorizzazione: Henry Ford nel 1903 a Detroit. Un mese dopo la sua fondazione, viene costruita la prima vettura: il modello A, ma è stato il modello T del 1908 a riscuotere un vero successo.

In 19 anni furono prodotte oltre 15 milioni di copie, motivo per cui nel 1913 Ford fu la prima al mondo a introdurre la produzione di massa, grazie alla quale una nuova vettura usciva dalla linea ogni 10 secondi.

Nel 1964, gli americani crearono una delle auto più riconoscibili al mondo: la Mustang. Da lui iniziò il termine "Pony car", un'auto dalla carrozzeria compatta, dal design sportivo e dal motore potente.

GMC

GMC

GMC è un'azienda americana che produce SUV, SUV e camion. Le origini del marchio risalgono al 1902, quando la Rapid Motor Vehicle Company fu fondata da Maks Grabowski, uno dei primi produttori di autocarri. Durante la guerra, il loro modello CCKW (con una capacità fino a 2,5 tonnellate!) Era uno dei camion base dell'esercito americano. Per molto tempo, i modelli avevano tali segni sulla carrozzeria, fino a quando nel 1996 si decise finalmente di rimuovere la parola Truck dal nome.

Honda è un marchio giapponese che produce autovetture, furgoni, motociclette e motori per vari tipi di macchine edili e agricole. È stata fondata nel 1948 su iniziativa di Soichiro Honda a Tokyo. Il primo veicolo del marchio era una bicicletta alimentata da un motore da 50 cc. La prossima moto è stata lanciata un anno dopo. Non iniziò a produrre auto Honda fino al 1953: la prima fu la T360. Nel 1971 fu introdotta la Honda Gold Wing, la prima motocicletta con retromarcia. Un anno dopo, i giapponesi decisero di lanciare la prima vettura compatta prodotta in serie: la Civic. Ha ottenuto un enorme successo di mercato e fino ad oggi sono state prodotte 9 generazioni di questa vettura.

Hyundai

Hyundai è un'azienda automobilistica sudcoreana. Le sue origini risalgono al 1947 quando Chung Ju-Yung fondò Hyundai Engineering and Construction (allora la più grande società di costruzioni). Non è stato fino a 20 anni dopo che la Hyundai Motor Company è stata fondata per produrre automobili. Il nome significa modernità nella lingua madre (Hyeondae) e il logo simboleggia una stretta di mano di due persone. La prima macchina fu costruita un anno dopo. Si chiamava Cotina ed era basato sul modello Ford - Cortina. Il Pony è stato il loro primo veicolo autocostruito (1974), ma la collaborazione con Ford è continuata fino al 1985. L'azienda sviluppa e modernizza costantemente la sua gamma di veicoli, concentrandosi principalmente sul loro funzionamento senza guasti. In molti casi, in questo senso supera i suoi rivali europei o statunitensi.

HNX 1509

OF HY 899

Infiniti

Marchio giapponese di auto di lusso di proprietà di Nissan. La sua storia inizia nel 1985 quando nasce l'idea di creare da zero un marchio di lusso. Il nome è stato scelto 2 anni dopo, significa "infinito". In effetti, la creazione del marchio è stata la risposta di Nissan all'Acura (Honda di lusso). La prima auto Infiniti è entrata nel mercato nel 1989, la stessa del primo modello Lexus, una versione esclusiva di Toyota. Inizialmente, i giapponesi vendevano le loro auto solo sul mercato nordamericano.

Q50

96982

Jaguar

Jaguar - Marchio britannico di autovetture di lusso, fondato nel 1922 da Sir William Lyons, ma originariamente chiamato Swallow Sidecar Company
e vendeva sidecar per motociclette. La prima auto di Lyons, la limousine SS1 a due porte, entrò nel mercato nel 1932. Negli anni '50, il marchio iniziò a competere nelle gare automobilistiche, inclusa la 24 Ore di Le Mans. Un anno dopo la presentazione della tipica auto sportiva, la XK120C, Jaguar ottenne la sua prima vittoria a Le Mans e la collaborazione con Dunlop portò alla creazione dei freni a disco, che si rivelarono la ricetta perfetta per ulteriori vittorie. Inoltre, il marchio ha trionfato in Francia altre 5 volte.

Jeep

Jeep

Marchio americano di auto fuoristrada, prodotto dalla società Willys dal 1941. All'inizio producevano i loro veicoli per l'esercito e, dopo la guerra, iniziarono a vendere auto civili. Il prototipo - Willys Quad è stato costruito in soli ... 49 giorni! Fino ad oggi, è uno dei veicoli più popolari della seconda guerra mondiale. Nel 1950, la società Willys riservò il nome di Jeep, ma nel 1945 apparve il primo modello civile: il CJ2A. Ci sono molte storie sull'origine di questo nome, una delle quali è che derivi da Eugene the Jeep, un personaggio del cartone animato "Popeye", noto per la sua eccezionale abilità e abilità. Nel 1962, il produttore americano introdusse il primo cambio automatico in un veicolo 4x4. Fu anche il primo modello 4x4 con sospensioni a ruote anteriori indipendenti, ma il più popolare fu il Wrangler e il Grand Cherokee.

Kia

La più antica azienda automobilistica coreana produce autovetture e furgoni. Ha iniziato la sua attività nel 1944, ma poi ha operato sotto il nome di Kyungsung Precision Industries e si è occupata della produzione di componenti per biciclette. Prima dell'uscita del loro primo veicolo commerciale nel 1962, il K-360, i coreani producevano anche motociclette. Dagli anni '70, molti modelli Kii sono stati costruiti su licenza di Mazda. Nel 1997 la società era sull'orlo del fallimento. Fu allora che Hyundai venne in soccorso, acquistando azioni Kia due anni dopo e creando la società Hyundai, il Kia Automotive Group. Attualmente, il marchio si sta sviluppando in modo dinamico e diventa un potenziale concorrente per rinomati marchi dell'Europa occidentale.

Lamborghini

Lamborghini - un marchio italiano che produce auto sportive di lusso e trattori agricoli. L'azienda ha sede a Sant'Agata Bolognese, in provincia di Bologna. L'azienda è stata fondata nel 1948 da Ferruccio Lamborghini, che inizialmente fece fortuna nella produzione di trattori. È noto da tempo che il più grande rivale di Lamborghini è un altro marchio italiano: la Ferrari. L'idea di creare una supercar è nata dopo il litigio di Ferrucci con Enzo Ferrari. Lamborghini, da persona benestante, guidava un'auto con un destriero nero sul cofano. Tuttavia, non era del tutto contento di lui, e quando ha suggerito a Enzo alcune modifiche, gli ha riso in faccia. Così, nel 1963 nasce una Lamborghini 350 GTV con motore V12, che supera le vetture modenesi. 3 anni dopo nasce Miura, che rende famoso il marchio in tutto il mondo. Era feroce e difficile da guidare, ma affascinata dalla sua eleganza e dalle sue linee sottili.

Lancia

Lancia - un marchio italiano di autovetture, fondato nel 1906 a Torino da Vincenzo Lancia e Claudio Fogolina. Il primo modello Lancia fu l'Alfa. Fin dall'inizio, Lancia è stata sorpresa dalle soluzioni moderne: Theta (1913) è stata la prima vettura in cui è apparso un dispositivo elettrico. Il modello Lambda, creato nel 1922, fu il primo grande successo di mercato della Lancia. Tra le soluzioni innovative apparse, altre carrozzerie autoportanti e sospensioni a ruote anteriori indipendenti. L'Astura (1931) aveva una sospensione motore che riduceva la trasmissione delle vibrazioni alla vettura, e l'Augusta del 1933 fu la prima berlina con freni idraulici. I modelli Lancia erano conosciuti fin dall'inizio per la loro eleganza e le linee sensuali. Gli appassionati di automobili ricorderanno in particolare modelli come Stratos, 037 o Delta, a cui il marchio deve numerosi successi nel motorsport ed è ancora la squadra di maggior successo nella storia del WRC.

LY•022AF
HN·C 2715

Land Rover

Land Rover è un marchio britannico di veicoli fuoristrada fondato nel 1948. Inizialmente, i loro modelli erano prodotti da Rover, ma nel 1975 Land Rover divenne un marchio indipendente. Il primo modello fu la Serie I, esportata in 70 paesi. Doveva essere utilizzato nell'agricoltura e nell'industria leggera, ma lo usavano anche i militari. 10 anni dopo apparve la seconda generazione di questo modello e nel 1985 ne fu realizzata una terza. Il suo successore fu il famoso Defender. La prima Range Rover nasce nel 1970. Era meglio equipaggiata e aveva un motore V8 da 3,5 litri che le permetteva di accelerare fino a 160 kmh (100 mph). I modelli più riconoscibili oggi, oltre a Defender, sono Discovery (presentata per la prima volta nel 1988) e Freelander (1997).

Lexus - Marchio giapponese di autovetture di lusso di proprietà di Toyota. Nel 1983, il presidente dell'azienda del Sol Levante annunciò un piano per creare una linea esclusiva di auto in grado di competere con le limousine dell'Europa occidentale. Il nome del marchio doveva essere associato al lusso e all'eleganza. La prima auto sportiva di Lexus, il modello SC con motore V8 da 4 litri, fu lanciata due anni dopo, e il veicolo utilitario sportivo LX, basato sul Toyota Land Cruiser, nel 1996. Nel 2006, l'azienda fu la prima a installare un sistema di parcheggio automatico nel suo modello di punta LS. I giapponesi hanno incantato la giuria internazionale con lo spettacolo, dove lo stesso modello ha parcheggiato tra i pilastri incastonati da coppe di champagne senza l'aiuto del guidatore e hanno deciso di assegnarle il titolo di World Car Of The Year 2007.

Lincoln

Lincoln è un marchio americano che produce autovetture di lusso. Fu fondata nel 1917 da Henry Leland in omaggio al presidente Abraham Lincoln. Nel 1922, Lincoln fu acquisita da Ford, essendo fino ad oggi il marchio più lussuoso dell'azienda Ford e il più grande concorrente di Cadillac di GM. Nel 1939 fu creato il leggendario modello Continental, che ebbe ben 9 generazioni! Fu anche il luogo in cui fu fucilato il presidente degli Stati Uniti John F. Kennedy nel 1963. Continental sostituì il modello Town Car nel 2002. Il primo SUV del marchio, uno dei modelli Lincoln più riconoscibili oggi, il modello Navigator, fu presentato nel 1998, e il suo terzo generazione viene prodotta dal 2007.

Lotus

Lotus è un'azienda automobilistica britannica che produce auto sportive e da corsa. È stata fondata nel 1952 da Colin Chapman, uno dei più acclamati designer di auto sportive della storia.
Il marchio è diventato popolare grazie alla partecipazione alle gare di Formula 1. La Lotus vi ha gareggiato ininterrottamente per 60 anni, dal 1954, vincendo sette volte il campionato del mondo. Le auto britanniche sono caratterizzate da una lavorazione semplice, grande maneggevolezza e peso ridotto.
I modelli più famosi del marchio sono Esprit (1976-2004; conosciuto, tra gli altri, dal film di James Bond), Elise - prodotto dal 1995, Exige - una versione più forte di Elise, ed Evora, che è entrata nel mercato nel 2008.

Maserati

Maserati - un'azienda italiana che produce auto sportive e da corsa. Le origini del marchio risalgono al 1914, quando uno dei sei fratelli della famiglia Maserati, Alfieri, stabilì la sua officina a Bologna, Officine Alfieri Maserati. Ben presto gli altri fratelli si unirono a lui, tranne uno: Mario, che divenne un artista ed è accreditato di aver disegnato il logo del marchio. Ha tratto ispirazione dalla Fontana del Nettuno nella sua città natale. Nel 1958 fu prodotto il primo modello Maserati stradale - la 3500 GT, e il primo modello a quattro porte - la Quattroporte nel 1963. I modelli più popolari del marchio sono, tra gli altri, la Quattroporte con sei generazioni e la GranTurismo.

Mazda è un marchio giapponese che produce principalmente autovetture. L'azienda deriva dalla piccola azienda Toyo Kogyo Co. fondata nel 1920 da Jyujiro Matsuda. Negli anni '60, Mazda iniziò a sperimentare un motore Wankel in cui un pistone girava all'interno di un cilindro. Così, nel 1967, fu creato il loro primo modello con la stessa moto: la 110S Cosmo. Nel 1978 debuttò il modello RX-7, che ebbe un grande successo e raggiunse la 3a generazione. L'ultimo è particolarmente apprezzato dai sintonizzatori giapponesi e statunitensi. Il suo motore con una cilindrata di soli 1,3 litri e con l'ausilio di 2 turbocompressori ha generato fino a 280 CV in serie! Mazda ha visto uno dei suoi più grandi successi quando ha presentato al mondo la MX-5 nel 1989, una piccola roadster a due posti. Grazie al peso contenuto, al buon bilanciamento e alla potenza relativamente contenuta, ha dato grandi soddisfazioni di guida.

McLaren

McLaren Automotive (ex McLaren Cars) è una divisione della società britannica McLaren Group, che si occupa della produzione di auto sportive basate sulla tecnologia della Formula 1. Fu fondata nel 1989 da Ron Dennis a Woking, ma la squadra corse di Formula 1 fu costituita nel 1963. La prima vettura civile della McLaren fu il modello F1, presentato nel 1991. Era equipaggiato con un motore V12 con una potenza di 627 HP, non aveva un sistema di servosterzo, assistenza alla frenata o controllo della trazione. Tutto questo è fatto per ottenere il più leggero possibile. Ci sono voluti circa 3 secondi per raggiungere i 100 kmh (60 mph) e nel 2005 deteneva il titolo di auto più veloce prodotta in serie, accelerando fino a 386 kmh (239 mph). Il marchio compete con Ferrari, Porsche e Lamborghini.

MCL F1
McLa

Mercedes-Benz

Marchio tedesco di automobili prodotte dalla preoccupazione Daimler AG. Autovetture, furgoni, camion e autobus sono prodotti con il marchio della stella a tre punte. Il suo inizio risale al 1883, quando Karl Benz, Max Rose e Fredrich W. Esslinger fondarono Benz & Co. Il nome Mercedes deriva dal nome di Mercedes Jellinek, figlia di Emil Jellink, rappresentante di Daimler. Le strade delle società Benz e Daimler convergono in seguito ai cambiamenti dell'economia tedesca e la società Daimler-Benz viene fondata ufficialmente nel 1926. Mercedes si distingue soprattutto per qualità, innovazione e sicurezza, motivo per cui è considerata una delle i marchi più prestigiosi al mondo. Il marchio ha anche ottenuto numerosi successi in molte classi di corse, incl. compresa la Formula 1.

Mitsubishi

Mitsubishi è un'azienda giapponese fondata nel 1870 da Yataro Iwasaki. nell'industria aeronautica, nell'industria della difesa e in ciò che ci interessa di più: l'automotive. Il nome significa "3 diamanti" in giapponese e lo riflette nel suo logo. Gli appassionati di automobili sono particolarmente affezionati alla versione sportiva della Lancer, Evolution, che da anni gareggia con un altro mito, la Subaru Impreza, nel Mondiale Rally. Il popolare "EVO", invece, apparso sul mercato solo nel 1992, ha visto la sua decima generazione, e la sua fine nel 2015.

DEVIL-CARS.PL
DEVIL CARS
DEVIL-CARS.PL
31
31
PIRELLI
DEVIL-CAR

Nissan

Un produttore giapponese di autovetture, camion e autobus appartenente alla Nissan Motor Co. Le origini del marchio risalgono al 1911, quando Masujiro Hashimoto fondò l'azienda Kwaishinsha a Tokyo. Fu solo nel 1934 che la società cambiò nome in Nissan. Dopo la guerra, l'azienda fu travolta da una crisi, dalla quale emerse la preoccupazione in collaborazione con la britannica Austin. Poco dopo, Nissan è diventata la seconda casa automobilistica del Giappone. Nel 1989, Nissan ha lanciato il suo marchio di lusso per il mercato statunitense: Infiniti. Dal 1999, i giapponesi collaborano con la Renault francese. I modelli Nissan più popolari sono Micra, Qashqai, Skyline (particolarmente amati da sintonizzatori e vagabondi) e il suo successore, la GT-R.

Opel

Opel è uno dei marchi automobilistici tedeschi più popolari. L'azienda è stata fondata da Adam Opel nel 1862 a Rüsselheim. Inizialmente si occupava della produzione di macchine da cucire, e successivamente anche di biciclette. Dopo la morte del fondatore nel 1895, l'azienda fu rilevata dalla moglie e dai cinque figli. Dopo 4 anni, la prima Opel-Patent-MotorWagen fu prodotta su un telaio da Friedrich Lutzman. Il primo modello Opel del suo design fu realizzato nel 1902: il modello 10/12 CV. Nel 1989, Opel è stato il primo produttore in Europa a introdurre un convertitore catalitico come equipaggiamento standard. I modelli più popolari del marchio tedesco erano, tra gli altri, Kadett, Corsa, Vectra e Omega. In Gran Bretagna, i modelli Opel sono venduti con il nome Vauxhall e in Australia - Holden.

GG·VG 120

Peugeot

Azienda francese che produce auto, scooter e biciclette, e in passato anche camion e moto. È stata fondata a Sochaux ed è stata fondata da Jean Pierre Peugeot. La prima vettura, la Serpollet-Peugeot, con motore a vapore apparve nel 1889, ma fu solo il veicolo con motore a scoppio Daimler presentato nel 1891 a rivelarsi la mossa giusta. Nel 1929, il modello 201 iniziò una serie di marcature a tre cifre con uno zero al centro. Il primo numero indica la classe e l'ultimo numero è la serie successiva. Nel 1948 fu rilasciato il primo modello Peugeot 203 del dopoguerra, prodotto fino al 1960. Nel 1959 fu utilizzata per la prima volta una ventola del radiatore, preparando le auto per gli imminenti ingorghi.

Porsche

Casa automobilistica tedesca con sede a Stoccarda. Il fondatore dell'azienda fu nel 1931 Ferdinand Porsche, un ingegnere che aveva precedentemente fatto esperienza con Daimler. Il primo veicolo a lui intitolato fu creato già nel 1938, ma la prima auto prodotta in serie con il logo Porsche fu realizzata nel 1948: il modello 356. All'inizio aveva molte parti in comune (compreso il motore) con il popolare Maggiolino, ma con il tempo furono sostituite con parti di propria produzione. Il modello Porsche più popolare, la 911, è stato realizzato nel 1963. Aveva un motore boxer a 6 cilindri di propria progettazione nella parte posteriore. L'auto si rivelò un successo mondiale, riscuotendo successo non solo nelle vendite ma anche nello sport. La 911 è stata la prima vettura a vincere il famoso rally Parigi-Dakar senza essere un fuoristrada. Attualmente è una delle auto più riconoscibili del marchio. Si tentò di replicare il successo della 911 con modelli come la 924/944, la 928 e la 968, ma nessuno di questi ci riuscì.

Marchio automobilistico francese che produce automobili e camion. L'azienda è stata fondata nel 1899 dai fratelli Louis, Fernand e Marcel Renault. Presto furono creati altri modelli, già con unità progettate dai proprietari dell'azienda. Il primo modello del dopoguerra fu il 4CV, e nel 1961 fu sostituito dal modello 4 prodotto da più tempo (ben 28 anni). La Renault 16, invece, è stata l'antesignana degli odierni modelli familiari. È stata la prima vettura Renault a vincere il titolo di Auto dell'anno nel 1966. È stata anche la prima vettura al mondo con carrozzeria hatchback. I titoli Car of the Year sono stati vinti anche dai modelli Clio (1991 e 2006) e Scenic (1996). Le cinture di sicurezza sono state montate di serie su tutti i modelli dal 1970.

1960-D75

TALISMAN

Rolls-Royce

Produttore inglese di limousine di lusso. L'idea di una collaborazione tra Charles Rolls e Henry Royce è nata nel 1904 durante un pranzo. Fin dall'inizio, il marchio si è occupato anche della produzione di motori aeronautici, che hanno contribuito alla divisione del marchio in due rami nel 1973. Nel 1906 è stato progettato il modello Silver Ghost. Era equipaggiato con un motore a valvole di fondo a sei cilindri da 7 litri con una potenza inferiore a 50 CV. Una caratteristica del marchio inglese è una statuetta sul cappuccio: Spirit of Ecstasy, sinonimo di ricchezza e massima qualità. Negli ultimi modelli, per motivi di sicurezza, è nascosto da un apposito bottone sotto la patta. Oggi Rolls-Royce è considerato uno dei marchi più esclusivi e lussuosi al mondo.

R · RR 446

Seat

Seat è un marchio spagnolo di autovetture. È stata fondata nel 1950 dall'Istituto Nazionale dell'Industria, un'organizzazione bancaria, e dalla Fiat. Sono state le auto italiane a servire da modello per i primi modelli Seat. Il primo modello fu il 1400, e la sua produzione iniziò nel 1953 a Barcellona. Nel 1980, la Fiat ha venduto le sue azioni all'Istituto Nazionale dell'Industria, facendo di Seat la prima casa automobilistica indipendente della Spagna. A quel tempo, la gamma di modelli fu fortemente modernizzata e apparvero modelli come Ibiza, Marbella e Malaga. Nel 1986 la Volkswagen acquistò il 51% delle azioni di Seat. Negli anni '90 sono salite al 99%, quando sono apparsi i primi modelli, in cui la tecnologia tedesca era nascosta sotto la carrozzeria disegnata da Giugiaro.

1507 IBC
600

Skoda è un'azienda ceca che produce autovetture. Le origini del marchio risalgono al 1895, quando il meccanico Vaclav Laurin e il commercialista Vaclav Klement fondarono la società Laurin & Klement producendo biciclette, e dal 1898 anche motociclette. Costruirono il loro primo prototipo di auto nel 1901 e la produzione in serie durò 27 anni. Nel 1964, Škoda lanciò un'auto familiare: il modello 1000 MB. Il suo motore era situato nella parte posteriore: qui è stata utilizzata l'esperienza di auto come la Fiat 600 o la Porsche 356. La collaborazione con Volkswagen iniziò nel 1991, quando Škoda entrò a far parte del gruppo del marchio tedesco. Il primo modello del marchio ceco ad utilizzare la tecnologia tedesca è stato Felicia nel 1994.

Subaru

Subaru è un marchio giapponese di autovetture e furgoni per le consegne. La storia dell'azienda inizia nel 1953 quando nel dopoguerra 6 aziende si uniscono in una chiamata Fuji Heavy Industries, simboleggiata da 6 stelle nel logo dell'azienda. Nel 1954, il primo prototipo fu chiamato P-1, e un anno dopo il modello fu chiamato 1500. Nel 1992 fu presentata la famosa Impreza. Colin McRae, al volante, ha più volte vinto il titolo mondiale nei rally, e così la Subaru Impreza è diventata un elemento inscindibile dei rally. Grazie a loro, il modello ha guadagnato popolarità in tutto il mondo.

Suzuki

Marchio giapponese di autovetture, camion, motociclette e motori. L'azienda è stata fondata nel 1909 quando Michio Suzuki fondò una fabbrica di attrezzature per la tessitura nella località balneare di Hamamatsu. Dopo quasi 30 anni, Michio capì che la sua azienda doveva svilupparsi anche in altri settori, così nel 1937 iniziò a progettare l'auto e dopo 2 anni ebbe alcuni prototipi. Il 1970 è un anno importante per il marchio. Quindi, la prima generazione del modello fuoristrada Jimmy, che è stato un successo globale, ha avuto la sua prima. Nel 1983 inizia la vendita dell'autovettura Swift da un litro, che ebbe molto successo sul mercato. Anche SX4 e Vitara sono modelli popolari.

SUZUKI
WB 0937V

Tesla

Marchio americano di auto elettriche di lusso e sportive. Il nome dell'azienda deriva dal nome di Nikola Tesla, un ingegnere serbo e inventore di molti elettrodomestici. L'azienda è stata fondata nel 2003 da Elon Musk. Il lavoro sul primo modello, la Roadster, è durato 5 anni. Nel 2008 è stato messo in produzione. Le sue prestazioni rivaleggiavano con molte auto sportive a benzina. Un anno dopo, fu presentato un veicolo con carrozzeria liftback. Con una sola carica doveva essere in grado di coprire una distanza di 300 miglia e allo stesso tempo avere prestazioni sportive.

La sua produzione è iniziata nel 2012 e il veicolo si chiamava Model S. L'azienda sta guadagnando sempre più popolarità grazie all'elettrificazione dell'industria automobilistica.

Toyota

Marchio automobilistico giapponese, fondato da Sakichi Toyoda nel 1918, e la sua azienda operavano inizialmente nel settore dell'abbigliamento. Il reparto automobilistico è stato fondato nel 1933 e il primo prototipo è stato realizzato due anni dopo.
La produzione del primo modello - AA, iniziò nel 1936. Nel 1966 fu creata la prima generazione di uno dei modelli più popolari del marchio - Corolla. Nel 2013 è stata presentata l'undicesima generazione di questo modello. Nel 1992 è stata creata la quarta generazione del modulo sportivo Supra, particolarmente apprezzato dai sintonizzatori. Nel 2014, Toyota ha lanciato la Mirai, la prima auto a celle a combustibile a idrogeno prodotta in Giappone. Nel 2015 è apparso anche in alcuni paesi europei.
Toyota è una delle più grandi aziende automobilistiche del mondo. Inoltre, possiede anche i marchi Lexus e Daihatsu.

RAV4 HYBRID GR SPORT

Volkswagen

Il marchio tedesco di autovetture e furgoni appartiene alla società Volkswagenwerk Aktien-Gesellschaft (VAG). La sua storia inizia nel 1931 quando la società Zündapp chiese a Ferdinand Porsche di creare un'auto economica. Nel 1934, su ordine di Adolf Hitler, Ferdinand presentò il primo progetto del leggendario Maggiolino. Doveva essere un'auto familiare a buon mercato, e Hitler la battezzò come "l'auto del popolo". Nel 2003, quando la sua produzione è stata ufficialmente interrotta, sono state realizzate in totale oltre 21,5 milioni di copie. Nel 1973 fu presentato un altro modello molto popolare: la Passat. Subito dopo di lui debutta la Golf. Doveva ripetere il successo del Maggiolino, e così è stato. Il modello gode di grande popolarità fino ad oggi e la versione GTI è stata creata nel 1982 ed è considerata una delle prime hot hatch. La preoccupazione Volkswagen include marchi come Audi, Skoda, Seat, Porsche, Lamborghini, Bugatti e Bentley.

WOB · TI 613
WOB · GO 501
Volkswagen Classic

Volvo

Marchio svedese di autovetture, camion, macchine edili e motori. Il nome dell'azienda significa "girare" in svedese. La loro prima vettura fu la ÖV4, la cui produzione iniziò nel 1927. I fondatori volevano che i loro veicoli fossero di alta qualità e tecnicamente avanzati. Nel 1966 fu creata la 144, considerata l'auto tecnologicamente più avanzata al mondo. L'auto aveva zone di deformazione controllata, freni a disco su tutte le ruote e le cinture di sicurezza apparivano anche sul sedile posteriore. Nel 1999, la metà dei diritti di Volvo è stata rilevata da Ford e dopo 11 anni il nuovo proprietario di Volvo Car Corporation era il cinese Geely. I modelli attualmente prodotti hanno una lettera davanti al numero che denota il tipo di carrozzeria del veicolo: C - cabriolet o coupé; S - berlina; V - station wagon; XC - modello fuoristrada.